NOTICE BIOGRAPHIQUE

M. L'ABBÉ

FRANÇOIS-MARIE AUGROS

ANCIEN CURÉ DE St-RACHO

ET DE

LA CHAPELLE-DE-GUINCHAY

PAR

L'ABBÉ F. GELET

PROFESSEUR DE PHILOSOPHIE AU PETIT-SÉMINAIRE
DE SEMUR-EN-BRIONNAIS.

Dilectus Deo et hominibus, cujus memoria in benedictione est.
(ECCLI.)

ROANNE

IMPRIMERIE E. FERLAY

COURS DE LA RÉPUBLIQUE.

1882

NOTICE BIOGRAPHIQUE

M. L'ABBÉ

FRANÇOIS-MARIE AUGROS

ANCIEN CURÉ DE St-RACHO

ET DE

LA CHAPELLE-DE-GUINCHAY

PAR

L'ABBÉ F. GILET

PROFESSEUR DE PHILOSOPHIE AU PETIT-SÉMINAIRE
DE SEMUR-EN-BRIONNAIS.

Dilectus Deo et hominibus, cujus
memoria in benedictione est.
(Eccli.)

ROANNE

IMPRIMERIE E. FERLAY

COURS DE LA RÉPUBLIQUE.

1882

Nous demandons à ceux qui liront ces pages un souvenir, dans leurs prières, pour M. l'abbé Augros.

NOTICE BIOGRAPHIQUE

M. L'ABBÉ

FRANÇOIS-MARIE AUGROS

ANCIEN CURÉ DE St-RACHO

ET DE LA CHAPELLE-DE-GUINCHAY

I.

Le 9 avril 1882, jour du Samedi-Saint, mourait, à St-Racho, M. l'abbé Augros, ancien curé de cette paroisse et de la Chapelle-de-Guinchay. Une longue et cruelle maladie avait lentement miné ses forces et tari en lui les sources de la vie : il succombait, dans la vigueur de son âge, victime d'une inexorable maladie de poitrine. Dieu rappelait à lui ce « bon et fidèle serviteur, » ce « vaillant soldat du Christ », qui pouvait, grâce à son intelligence distinguée, à son cœur d'or et à son ardente charité, rendre encore tant de services éminents à la cause de la religion. Il est mort « aimé de Dieu et des hommes : sa mémoire restera en bénédiction » parmi son peuple, et son souvenir vivra dans le cœur de tous ceux qui l'ont connu, aimé, vénéré, et qui seront fidèles à la recommandation de l'Apôtre : « Souvenez-vous de vos pasteurs qui vous ont prêché la parole de Dieu, et considérant quelle a été la fin de leur vie, imitez leur foi. »

S'il est vrai que l'éloge des gens de bien soit pour ceux qui leur survivent, un besoin, une leçon et un honneur, qu'il nous soit permis de retracer, en quelques pages courtes et simples, la vie, hélas ! trop tôt brisée et cependant si bien remplie de ce prêtre selon le cœur de Dieu. Facile sera notre tâche ; car nous n'aurons qu'à raconter : les œuvres et les vertus du vénéré défunt suffiront à le louer dignement ; et c'est là le meilleur éloge, l'éloge recommandé par l'Esprit saint : *Laudent eam in portis opera ejus.* Puisse cet hommage de piété fraternelle et filiale, rendu à sa mémoire, consoler, édifier les hommes et faire bénir Dieu toujours admirable dans ses saints ! Puisse cette humble fleur, éclose au soleil de nos amitié, que nous déposons, tout humide de nos larmes, sur la pierre de son tombeau, sourire à notre père, et environner d'un doux et modeste parfum la mémoire de celui qui fut vraiment parmi nous « la bonne odeur de Jésus-Christ ! »

II.

L'abbé François-Marie Augros était né à Chauffailles, le
15 janvier 1828. Il appartenait à une de ces familles chrétien-
nes et patriarcales, comme on en rencontre encore beaucoup,
Dieu merci ! dans nos montagnes, familles bénies où la simplicité de la foi, l'austère probité, l'honneur et la vertu se
communiquent avec le sang et où l'on compte, parmi les
exemples domestiques, celui d'aimer et de servir l'Eglise ;
parmi les traditions les plus précieuses du foyer, celle de
consacrer un et même plusieurs enfants au service des au-
tels. L'abbé Augros avait conservé très-vivant le souvenir
de sa première enfance, et jusqu'à la fin de sa vie, il aimait à
en parler avec ce charme exquis dont il avait le secret, bénissant son père et sa mère, non-seulement de leur tendresse
et de leurs bontés pour lui, mais encore et surtout de leur
fermeté et de leur énergie à le reprendre et à le corriger.

Tout petit enfant, il avait entendu, comme Samuel, la voix
de Dieu qui l'appelait à lui, et, comme Samuel, il avait ré-
pondu au Seigneur : Me voici. Grande fut la joie de ses pieux
parents, qui comptaient déjà plusieurs prêtres dans leur famille et qui s'estimaient bien heureux de consacrer à Dieu
leur fils aîné.

A peine François-Marie eut-il fait sa première communion
qu'on le confia aux soins paternels de M. l'abbé Bajard, ancien curé de St-Racho et de Chauffailles et qui desservait
alors la paroisse de Chassigny. Il fut avec le Révérend Père
Gaillard, abbé de la Trappe de Chambarand, son condisciple
à la cure de Chassigny et son ami constant, le dernier élève
de cet homme de foi vive et de zèle ardent qui travailla si

efficacement au recrutement du sacerdoce, et forma, à lui seul, plus de vingt prêtres pour le diocèse d'Autun.

Envoyé ensuite au Petit-Séminaire de Semur, notre jeune étudiant dut bientôt interrompre ses classes et commencer l'apprentissage de la vie à la rude école de la souffrance : toutefois Dieu, qui sait toujours tirer le bien du mal, mit à profit pour lui cette dure épreuve. François-Marie alla passer les longs mois de sa convalescence à Gibles, près de son parent, l'abbé Labrosse de sainte mémoire. Il vit de près cet homme apostolique, ce pasteur modèle : il vécut de sa vie, il admira sa prudence, son tact, le zèle qui le dévorait, et il se promit d'imiter un jour, autant qu'il le pourrait, un si beau modèle.

Après avoir terminé ses humanités à Semur, l'abbé Augros alla faire ses études théologiques au Grand-Séminaire d'Autun, et il fut ordonné prêtre en 1853.

Ses supérieurs l'envoyèrent vicaire à Loisy, près d'un vieillard infirme dont il fut le bras droit et qu'il soigna avec la tendresse d'un fils : son curé étant mort, il fut nommé vicaire à Marcigny.

« Dès son arrivée dans cette paroisse, nous écrit un prêtre qui l'a vu de près à l'œuvre dans ce nouveau poste, l'abbé Augros se distingua par son zèle, sa bonté, sa charité bienveillante pour tous. Il a été admirable auprès du bon M. Alarmatine, son curé, qui sut bien vite l'apprécier et l'aima toujours comme un fils. »

C'est M. Augros qui a posé les fondements de la bibliothèque paroissiale de Marcigny. Connaissant la passion de notre siècle pour la lecture et l'insatiable curiosité de la jeunesse, épouvanté des ravages causés dans l'esprit et le cœur de nos jeunes générations par des lectures imprudentes, criminelles et corruptrices, il voulut combattre le mal par le bien, opposer la lumière aux ténèbres, et procurer aux chrétiens de Marcigny le bienfait de ces lectures utiles et agréables qui élèvent l'esprit, tout en le délassant, et enveloppent le cœur d'une atmosphère d'innocence et de pureté. Pour réaliser cette œuvre, sa charité industrieuse dut frapper à bien des portes : il alla même prier les séminaristes de Semur de lui céder leurs livres de prix, et ces bons jeunes gens, touchés d'un zèle si admirable, ne restèrent pas sourds à son appel. Il eut aussi recours à une loterie qui lui rapporta près de mille francs.

Marcigny avait alors une conférence de St-Vincent-de-Paul : elle était dirigée par M. le Curé lui-même. L'abbé Augros voulut lui préparer des membres, en fondant une petite conférence pour les enfants de douze à quinze ans. On se réunissait tous les dimanches dans la chambre du vicaire, et cette réunion était une vraie fête pour tous ces enfants. M. l'Abbé était si bon, si gai, si intéressant ! Il savait si bien communiquer son entrain et son humeur enjouée à cette petite famille ! Que d'enfants il a ainsi préservés des mauvaises compagnies, maintenus dans la foi et les pratiques religieuses ! Il se plaisait surtout à les former à la pratique de la charité ; car il savait que, si la charité est belle en quiconque l'accomplit, dans l'homme mûr qui retranche une heure à ses affaires pour la donner aux affaires de la souffrance, dans le pauvre qui trouve encore une parole et un denier pour le pauvre, c'est surtout dans l'enfant, dans le jeune homme qu'elle apparaît tout entière, telle que Dieu la voit en lui-même au printemps de son Eternité, telle que Jésus la voyait, au jour de son pélerinage, sur le front de St. Jean.

Après avoir enrôlé sous la bannière de la charité les enfants de douze à quinze ans, il s'occupa des jeunes gens de quinze à vingt ans, qu'il voyait exposés à tant de séductions au milieu d'un monde corrompu et corrupteur. Il parvint à en grouper un grand nombre autour de lui, en leur offrant des distractions innocentes et agréables et en les charmant par ce je ne sais quoi de doux et de fort qui s'échappait de son cœur, « plus fort que le diamant et plus tendre qu'une mère. » Il leur fit apprendre la musique et il forma une société chorale. Lorsqu'il y avait quelque solennité religieuse, ces jeunes gens se faisaient une gloire et une fête de chanter à l'église. Deux ou trois fois même, à l'instigation du charitable vicaire et sous l'habile direction de M. Charles des Sagets, ils donnèrent des concerts au profit des pauvres.

L'abbé Augros aimait ses chers enfants, ses bons jeunes gens avec une sainte passion. Il leur était attaché du fond de ses entrailles. Ah ! c'est qu'il les voyait à travers le prisme de la foi et de la charité, et ils lui apparaissaient beaux comme l'espérance. Lui aussi, il eût pu dire en toute vérité : « Il ne nous est pas difficile d'aimer ces chers enfants. Il nous suffit de croire à leurs âmes, au Dieu qui les a faites, et qui les a sauvées, à leur origine et à leur fin. Plus dignes encore d'intérêt, parce qu'elles sont plus jeunes, elles ont à nos yeux le charme invincible de la faiblesse et de la première beauté. Qui touchera le cœur d'un homme, si l'âme d'un enfant ne le touche pas ? qui l'attendrira jamais, si l'âme d'un adolescent aux prises avec le bien et le mal ne l'attendrit pas ? Ah ! nous n'avons pas de peine à aimer : l'amour est à lui-même sa récompense, sa joie, sa fortune et sa bénédiction. »

Mais l'amour appelle l'amour : on est bien près d'aimer, quand on est sûr d'être aimé. Le jeune homme s'attache au prêtre qui l'aime : leurs deux cœurs s'unissent et le divin Maître en est la soudure. Tous ces jeunes gens aimaient profondément leur vicaire et lui en donnaient sans cesse des preuves bien touchantes. Depuis lors, ils ne l'ont pas oublié.

L'abbé Augros avait quitté Marcigny depuis vingt ans : il y descendait un jour, en devisant tranquillement avec quelques amis, au nombre desquels nous avions le bonheur de nous trouver. Tout-à-coup, nous entendons des cris perçants poussés loin, bien loin de nous, au sommet de la colline, et nous voyons un homme gesticuler à outrance, s'élancer à toutes jambes à travers les vignes et nous arriver tout essoufflé.

Il se précipite vers M. Augros, lui serre la main et l'embrasse avec une effusion sans pareille, tout en lui rappelant une foule de lointains, mais toujours vivants et gracieux souvenirs. C'était un de ses anciens jeunes gens, un ouvrier qui l'avait reconnu de loin et qui voulait à tout prix lui redire encore une fois son affection et sa reconnaissance pour tout le bien qu'il avait fait jadis à son âme. Admirable mémoire du cœur qui fait l'éloge du prêtre et de l'ouvrier !

« Le zèle infatigable du jeune vicaire s'étendait à tout, nous écrit-on. Il eut la sainte et noble pensée de demander au Conseil municipal de rendre au culte la belle chapelle du Collége, servant aujourd'hui de théâtre. Il alla voir chacun des conseillers, et son zèle plaida si bien sa cause que tous reconnurent la justice de sa demande ; mais hélas ! ce qui avait été promis au coin du feu, fut oublié, quand la question s'agita au Conseil.

» Profondément estimé de tous, l'abbé Augros fit le plus grand bien au saint Tribunal. On le cite encore à Marcigny comme directeur éclairé et zélé. Sa foi ardente et son affabilité connue de tous firent des prodiges auprès des malades. Bien des familles se rappellent, avec une douce émotion et en bénissant sa mémoire, les consolations puissantes qu'il apportait aux mourants et aux familles en deuil. »

Une nuit, on l'appelle en toute hâte, pour aller voir un homme que l'on disait mourant. Il se précipite sur les pas d'un conducteur qu'il ne connait point, à travers des ruelles obscures, jusque dans un faubourg écarté : arrivé là, on le fait grimper, à l'aide d'une mauvaise échelle, dans un affreux taudis où l'on ne pénètre que difficilement par une porte basse et étroite. Pendant qu'il a fait cette ascension périlleuse, son conducteur a disparu, et il se trouve seul dans ce réduit ténébreux que ne parviennent pas à éclairer quelques tisons à demi-éteints, qui fument dans l'âtre. Près du feu est accroupi un vieillard à la longue chevelure, au teint basané et à la physionomie impassible : c'était un vieux bohémien, qui fumait tranquillement sa pipe. Le prêtre le salue et le questionne : il ne bouge ni ne répond. Le jeune vicaire commence à craindre qu'il ne soit victime de quelque mystification sinistre, lorsqu'il entend des gémissements partir du fond de la chambre : il s'avance de ce côté en tâtonnant. Sur un lit de feuilles sèches et de mousse gisait un pauvre jeune homme : c'était le fils du vieux bohémien. Seul, sans secours, sans consolation, il se mourait dans d'horribles convulsions et dans un désespoir plus horrible encore. Le prêtre s'agenouille près de cette misérable couche : il se penche vers l'agonisant, l'embrasse tendrement et compatit à ses souffrances : il n'a pas de peine à l'amener à se confesser et il le laisse pardonné et résigné. Lorsqu'il quitta ce taudis infect, le vieux bohémien était toujours accroupi près du feu, toujours silencieux et impassible, toujours fumant sa pipe.

Le lendemain, le charitable vicaire revint avec des secours et des remèdes : le moribond, toujours résigné et presque joyeux, lui témoigna sa reconnaissance dans les termes les plus émouvants, puis il lui dit : « J'ai une grâce à vous demander, Monsieur l'abbé ; vous ne me la refuserez pas. Je veux que vous acceptiez d'être mon héritier.... Pour toute fortune je n'ai que ce pauvre petit crucifix qu'une bonne femme m'a donné : acceptez-le comme souvenir, je vous en prie. Emportez-le chez vous, quand je serai mort, et pensez quelquefois devant le bon Dieu au pauvre bohémien que vous avez converti et sauvé. » Le pieux vicaire recueillit cette succession avec un saint empressement et, bien des années plus tard, nous montrant cette humble petite croix qu'il avait placée sur la cheminée de sa chambre, il nous disait : Voilà l'héritage de mon bohémien : voilà le crucifix que je baiserai à l'heure de ma mort et qui recevra mon dernier soupir.

Que d'autres faits également édifiants n'aurions-nous pas à raconter ! mais il faut nous borner.

En 1858, l'abbé Augros était nommé curé à St-Martin-du-

Lac. Il passa dans cette paroisse en faisant le bien : il le fit modestement et sans bruit, sans cesse occupé de ses chers paroissiens, de sa petite école, de son église qu'il restaura et qu'il aurait voulu — c'était son désir le plus ardent — remplacer par une nouvelle, plus grande et plus belle. Là aussi il fut aimé de Dieu et des hommes : là aussi, ses œuvres lui survivront et sa mémoire demeurera en bénédiction : là aussi, nous écrit-on, « il se distingua comme *directeur* des âmes. »

St. Grégoire-le-Grand nous dit que la direction des âmes est un art sublime et difficile : il ajoute même que c'est l'art par excellence, l'art des arts : *Ars artium, regimen animarum.* Eh bien, l'abbé Augros possédait à merveille cet art incomparable : nous touchons ici au côté le plus obscur et le plus brillant tout à la fois — c'est notre intime conviction — de cette vie sacerdotale.

Le voile mystérieux qui cache aux regards profanes les prodiges opérés par son ministère au saint Tribunal de la Pénitence, ne sera déchiré qu'au jour des grandes révélations : à peine nous est-il permis d'en soulever un coin maintenant, en mettant à profit ce qu'ont raconté les âmes qu'il a dirigées, et en faisant appel à nos souvenirs personnels. Quelle sûreté et quelle prudence dans ses décisions ! quelle sagesse dans ses conseils ! quelle force et quelle suavité dans ses exhortations ! quelle puissance de conviction et de persuasion ! Ses paroles tombaient sur l'âme, comme une rosée bienfaisante sur une terre desséchée : elles y pénétraient doucement et profondément. Comme il avait le cœur riche et débordant de charité et de pardon, il savait incliner avec une douce violence la justice vers la miséricorde. Aussi se trouvant en face de l'éternité et des jugements de Dieu, il nous disait un jour : « Ce qui me console un peu, c'est que je n'ai jamais été dur pour les âmes au confessionnal. » A l'école du divin Maître il avait appris qu'il ne faut pas briser le roseau courbé, ni éteindre la lampe qui fume encore. Il savait imiter le bon Samaritain et verser, comme lui, d'une main sûre et délicate, l'huile et le vin sur les plaies du pauvre malade. Il avait médité et il mettait en pratique la maxime de son saint patron, le bienheureux Evêque de Genève : « Souvenez-vous que les pauvres pénitents, au commencement de leur confession, vous nomment père et qu'en effet vous devez avoir un cœur paternel en leur endroit, les recevant avec un extrême amour, ne vous lassant jamais de les aider et secourir, imitant le père de l'enfant prodigue qui reçoit son fils déguenillé, crasseux et puant d'entre les pourceaux, l'embrasse amoureusement et pleure dessus lui, parce qu'il était son père et que le cœur des pères est tendre sur celui des enfants. » L'abbé Augros possédait à un très-haut degré les qualités que St. François exige dans le directeur des âmes : Il le faut plein de charité, de science et de prudence. »

Bien des fois, après nous être confessé à lui, nous nous relevions éclairé, fortifié et embaumé par ses paroles, et nous nous disions : C'est ainsi que devait confesser le bienheureux Evêque de Genève. Et nous comprenons très-bien que la supérieure générale d'une Congrégation religieuse l'ait demandé comme aumônier de sa maison-mère ; nous comprenons qu'on soit venu le trouver de loin pour profiter de sa sage direction, et on ne sera pas surpris d'apprendre que la dernière lettre qu'ait tracée sa main défaillante et déjà glacée par la mort, a été une lettre de direction spirituelle.

Cependant le curé de St-Martin-du-Lac vivait depuis plusieurs années en compagnie de la souffrance ; le voisinage de la Loire et l'humidité de sa cure lui avaient fait contracter une violente névralgie qui devait le torturer jusqu'à la mort.

Ses supérieurs, estimant que le climat de la montagne lui serait favorable, le nommèrent alors à la cure de St-Racho, qu'avait jadis occupée son grand-oncle maternel, M. l'abbé Boucaud, confesseur de la foi, pendant la grande Révolution.

III.

St-Racho est une paroisse perdue dans les montagnes du
Charollais ; elle jouit de la meilleure réputation au point de
vue religieux, et nous osons dire que cette réputation est
méritée. Là vivent des chrétiens aux mœurs patriarcales, à
la foi robuste et solide comme le granit de nos montagnes,
et qui, sous une écorce un peu dure, cachent un cœur tendre et généreux. Pauvres des biens de la terre, ils sont riches des trésors du Ciel qu'ils savent estimer à leur juste
valeur. Les fausses idées du jour n'ont pas encore pu entamer
cette population chrétienne jusqu'au fond des entrailles ; elle
croit, elle pratique, elle est heureuse. Là-haut, pas de mé-
créants, pas d'ennemis de la religion, pas même d'indifférents.
Pour nos montagnards, le prêtre est un ami, un conseiller,
un père en qui ils ont toute confiance : pour eux, c'est l'am-
bassadeur du Ciel, c'est un autre Jésus-Christ.

M. Augros succédait à un saint prêtre, l'abbé Michel, dont
la mémoire est toujours vivante et toujours bénie parmi son
peuple. Il avait gouverné pendant trente-six ans la paroisse
de St-Racho avec l'autorité d'un père de famille, la dignité
d'un pontife et le zèle d'un apôtre. Il semblait difficile de
maintenir l'œuvre de M. Michel ; c'est pourtant ce que fit
l'abbé Augros, et, chose qui peut paraître incroyable au temps
où nous vivons, quand il quitta sa paroisse, la foi, la piété,
la fréquentation des sacrements avaient encore progressé.

Le nouveau curé de St-Racho arriva dans sa paroisse au
mois de juillet 1870. Il eut bien vite gagné tous les cœurs
par sa bonté, sa candeur et son amabilité ; mais ce qui acheva
de lui attacher pour jamais ses nouveaux fidèles, ce fut sa

paternelle sollicitude pour les jeunes gens de sa paroisse, appelés sous les drapeaux pendant la guerre néfaste de 1870 ; ce fut le tendre intérêt qu'il porta à toutes les familles en deuil. Bientôt il put dire avec le bon Pasteur : Je connais mes brebis et mes brebis me connaissent, je les porte dans mon cœur et elles me rendent amour pour amour.

Il institua dans sa paroisse la Confrérie du Rosaire-vivant, une Congrégation de la Sainte-Vierge pour les jeunes filles et la Réunion mensuelle des mères de famille. Il restaura l'Eglise que son prédécesseur avait fait construire. Puis son zèle lui inspira plusieurs projets que la Providence et son Evêque ne lui permirent pas de tous réaliser ; mais ceux qu'il a eu le temps de réaliser, il les a exécutés de main de maître.

La cure tombait en ruines ; il la rebâtit avec les faibles ressources de la fabrique et les offrandes volontaires de ses paroissiens. St-Racho manquait de maisons d'école convenables ; il commença par s'occuper de celle des garçons. La commune ne pouvant fournir aucune ressource, l'abbé Augros ouvrit une souscription à laquelle tous les habitants, même les plus pauvres, voulurent prendre part. Il parcourut toutes les maisons de sa paroisse, malgré le froid et la neige ; car on était alors au cœur d'un hiver très-rigoureux. A son appel, tous les cœurs firent écho ; toutes les bourses se délièrent ; tous promirent avec empressement, qui de l'argent, qui du bois, qui des charrois ou des journées de travail. Au printemps les travaux purent commencer.

Nous lisons dans la vie du curé d'Ars « qu'il ouvrit une école gratuite de petites filles dans sa paroisse ; mais le local était trop petit et les pauvres enfants ne purent toutes y trouver place. On songea à bâtir. M. Vianney devint architecte, maçon et charpentier. Il faisait lui-même le mortier, taillait et transportait les pierres et ne s'épargnait pas. Il n'interrompait sa chère et rude besogne que pour aller au confessionnal. » Tous les habitants de St-Racho vous diront que

c'est là le portrait fidèle de leur excellent curé. Comme M.
Vianney, l'abbé Augros devint architecte, maçon et charpentier. Il était vraiment admirable au milieu de ses ouvriers, à
qui il donnait lui-même l'exemple du travail le plus opiniâ-
tre. Quel entrain et quelle vie ! quelle ardeur irrésistible et
quelle inépuisable gaieté ! Il ne quittait le chantier que pour
ses malades et son confessionnal : on le voyait, l'équerre, la
truelle ou la pioche à la main, les pieds dans la chaux, la sou-
tane couverte de poussière, toujours vif, agréable et souriant,
heureux d'interrompre un instant sa chère besogne pour entamer avec un confrère, un ami ou un curieux une conver-
sation sur sa chère école. Après avoir vu et entendu le curé
de St-Racho, on se disait en le quittant : Voilà comment
on bâtissait au moyen-âge : Voilà comment le prêtre était au
milieu de son peuple un génie vivant qui remuait à la fois
les pierres et les âmes !

Le dimanche, on annonçait au prône ceux qui devaient
venir, durant la semaine, faire des charrois ou des journées
de travail ; et tous se faisaient un devoir et un honneur de
laisser tout autre ouvrage, même pressant, pour répondre à
l'appel de ce curé sans pareil, à qui l'on ne pouvait résister,
et qui donnait lui-même l'exemple du plus entier dévouement.

C'est l'abbé Augros qui a fait le plan de sa cure et de sa
maison d'école, et il n'y a qu'une voix pour proclamer que
ces deux édifices sont superbes et ne laissent rien à désirer.
Nous pourrions citer le témoignage non suspect d'un person-
nage officiel, haut placé, qui, visitant les écoles de St-Racho,
celle des garçons dont M. Augros avait fait lui-même le
plan, et celle des filles, construite depuis d'après le plan d'un
architecte breveté, disait carrément : « Ma foi ! l'architecte
s'est joliment laissé enfoncer par le Curé ! » Et cependant
cette école de filles, qu'on doit à l'inépuisable charité de M.
l'abbé Buisson et de ses paroissiens, n'est pas laide du tout !

Une chose plus étonnante encore que la beauté des constructions de l'abbé Augros, c'est l'incroyable modicité des

dépenses : avec des ressources très-minimes, presque nulles,
il a su faire des merveilles.

Chose remarquable aussi, malgré les nombreuses occupations de son ministère, malgré les soucis non-interrom-
pus de ses constructions, il savait encore trouver du temps
pour enseigner les premiers éléments de la langue latine aux
enfants de sa paroisse en qui il avait trouvé les germes de
la vocation sacerdotale. Il imitait en cela M. l'abbé Bajard,
son premier maître et son prédécesseur à cette cure de St-
Racho qu'il occupait maintenant. Parmi ses élèves, plusieurs
sont aujourd'hui au Grand-Séminaire ; l'un d'eux même, sen-
tant dans son âme un attrait irrésistible pour l'apostolat, est
entré au noviciat des missionnaires de Son Éminence le Car-
dinal Lavigerie. Deux autres, l'abbé Gonin et Benoît Chema-
rin l'ont précédé dans l'éternité, mourant à la fleur de leur
âge de la mort des saints, victimes de cette terrible maladie
de poitrine qui devait l'emporter lui-même.

L'abbé Augros, profondément touché des vertus et de l'affection de ses bons paroissiens, les aimait de toute son âme,
avec transport ; il n'avait qu'un désir, vivre et mourir dans
ses chères montagnes, et volontiers rappelant la parole du
saint patriarche Job : *In nidulo meo moriar*, il disait : Je
veux mourir dans mes montagnes, dans ce cher petit nid de
St-Racho, dans cette cure que mes mains ont élevée. Mais
l'autorité épiscopale qui connaissait et appréciait tout son
mérite, avait déjà songé à le transporter sur un théâtre plus
vaste et plus digne de lui.

On venait de terminer la cure et on commençait les travaux de la maison d'école, lorsque tout-à-coup M. le Curé,
d'ordinaire si gai et si parlant, devint sombre, soucieux et
taciturne. On l'interroge, il ne répond que par des larmes :
car son Evêque, en lui offrant un nouveau poste, lui a demandé le secret, et ce secret qui pèse sur son cœur comme
une montagne, il saura le garder. Mais bientôt on apprend
par une autre voie que M. Augros doit quitter St-Racho. A

cette nouvelle, la population s'émeut et la consternation rè-
gne dans la paroisse. Il faut à tout prix que nous gardions
M. le Curé ; tel est le cri général ; mais quel moyen prendre
pour arriver à ce résultat ? Nos montagnards se disent entre
eux : Notre Curé est bien bon, mais notre Evêque doit être
encore meilleur que lui : allons nous jeter aux pieds de Monseigneur, il se laissera toucher. Aussitôt le vénérable maire
de St-Racho, qui ne peut à son grand regret, à cause de
son âge et de ses infirmités, aller trouver lui-même Monseigneur Perraud, délègue trois conseillers municipaux pour
aller à Autun plaider la cause de sa commune. Monseigneur
reçoit les députés avec une extrême bienveillance ; mais il se
montre d'abord peu disposé à leur accorder ce qu'ils lui de-
mandent. Les bons montagnards ne se laissent pas déconcer-
ter par cette résistance à laquelle ils ne s'attendaient pas du
tout ; ils insistent ; ils prient et supplient Sa Grandeur et, tout
en plaidant leur cause avec cette éloquence naïve qui part
du cœur, ils montrent un tel attachement pour leur Pasteur
que Monseigneur ébranlé leur dit : « Vous l'aimez donc bien,
votre bon Curé ? Oh oui ! Monseigneur, nous l'aimons bien ! »
Cela fut dit avec un tel accent que le bon Evêque vaincu
leur dit en souriant : « Eh bien ! mes enfants, vous le gar-
derez, mais pour quelques années seulement. » Nous ne sau-
rions dire qui fut plus heureux du succès de cette députa-
tion, du Curé qui tenait tant à « son cher petit nid de St-
Racho » ou des paroissiens dont l'un, écho fidèle de tous les
autres, disait en son naïf langage : « On m'aurait condamné
à mener, pieds nus et en cherchant mon pain, une brouette
de St-Racho jusqu'à Autun et même jusqu'à Rome, pour garder M. le Curé, que je n'aurais pas hésité à le faire. »

Pour comprendre cette affection sans borne, il faut se
rappeler la bonté de M. Augros pour ses paroissiens en toute
circonstance. Bien des fois il nous a été donné de l'accom-
pagner dans ses courses à travers sa paroisse et chaque fois
nous ne nous lassions pas de l'admirer. Il abordait tout le

monde, le sourire aux lèvres, même quand nous le savions inquiet et souffrant. Il avait toujours un mot gracieux, une bonne plaisanterie à dire, une joyeuse histoire à raconter, une parole d'édification, un bon conseil à donner. Il parlait à tous, aux humbles et aux pauvres de préférence ; il s'adressait au petit berger qui gardait son petit troupeau à travers les genêts et les bruyères de la montagne, comme au laboureur qui, là-bas, à l'extrémité de son champ, achevait son sillon. Aussi voyait-on ces bonnes et franches figures de paysans s'épanouir à son aspect. Quel bonheur pour nos montagnards, quand il venait à eux, et, les saluant amicalement, laissait tomber sur leur âme quelques-unes de ces paroles aimables et fortifiantes dont il n'était pas avare. Il se faisait tout à tous, comme l'Apôtre, pour les gagner tous à Jésus-Christ. Une seule chose égalait sa bonté, c'était sa dignité. Comme il avait une très-haute idée du prêtre, il respectait et voulait qu'on respectât en lui la dignité sacerdotale. Il avait résolu d'une façon admirable le difficile problème d'être à la fois bon et ferme, aimable et grave, familier sans privauté et digne sans raideur.

Parmi les projets que l'abbé Augros avait le plus à cœur, il en est un qui le préoccupa jusqu'au dernier jour de sa vie, projet éminemment populaire et bien digne de lui.

Au sommet de la montagne de Dun, couronnée jadis par un bourg important et une citadelle presque imprenable, rasée à la fin du xiie siècle par les troupes de Philippe-Auguste, le voyageur, après avoir admiré le panorama splendide qui se déroule autour de lui, salue avec tristesse, parmi les ruines amoncelées sur ces hauteurs désertes, les ruines plus imposantes encore d'une antique chapelle. Le rêve de l'abbé Augros était de relever cette vieille église dont une partie a résisté aux injures des siècles, et de la couronner d'une gigantesque statue de la Vierge. Et comme sa paroisse était pauvre, il se proposait d'aller partout quêter en faveur de la chapelle de Dun. Et certes, il aurait réussi dans son entreprise.

Mais Monseigneur ne l'avait laissé à St. Racho que provisoirement, « pour quelques années ». L'Abbé Augros et ses paroissiens avaient oublié cette condition qui pour eux était une menace. Sa Grandeur ne l'avait pas oubliée. Au commencement de l'année 1877, une cure de canton très-importante étant venue à vaquer, Monseigneur Perraud écrivit en termes très-affectueux et très-pressants à l'abbé Augros pour lui offrir ce poste de confiance. La modestie du bon Curé s'effraya ; il écrivit lettre sur lettre à Monseigneur, le suppliant très-humblement, mais très-instamment, de le laisser à St-Racho. Afin de gagner son procès, il mettait surtout en avant l'état précaire de sa pauvre santé. Monseigneur, se rendant à cette raison matérielle, lui permit à la fin de rester encore à St-Racho.

Il nous souvient toujours de sa joie, quand il apprit qu'on agréait son refus. Enfin, nous disait-il, enfin on me laissera désormais tranquille ; je pourrai bâtir ma seconde maison d'école, restaurer mon Dun et mourir dans mon St-Racho.

Le bon Curé se trompait : trois mois ne s'étaient pas encore écoulés que Monseigneur revenait à la charge et lui intimait l'ordre d'accepter la cure de la Chapelle-de-Guinchay. Cette fois l'abbé Augros voulut aller lui-même à Autun. Quoique beaucoup plus éloquent, il fut moins heureux que ses paroissiens. Monseigneur le reçut aussi cordialement que possible, mais demeura inflexible. Il fallut partir.

Rien ne saurait peindre la consternation qui accueillit cette nouvelle à St-Racho ; rien ne fut touchant comme les adieux du pasteur à son troupeau ; ils rappellent les adieux de St. Vincent de Paul à son bon peuple de Clichy, ou mieux encore ceux des fidèles de Milet au grand apôtre St. Paul : *Procumbentes super collum Pauli, deosculabantur eum.* L'abbé Augros voulut prêcher une dernière fois à son peuple, mais les sanglots étouffèrent sa voix.

Quand il sortit de l'église après l'office, il trouva tous ses hommes rangés sur la place publique ; ils attendaient là, graves, silencieux, sombres ; et ceux-là même qui jamais n'avaient pleuré, sentirent, en ce jour, des larmes glisser furtivement sur leurs mâles figures. Le pauvre Curé, le visage baigné de pleurs et l'âme brisée, dut alors, comme un vieux capitaine qui dit adieu à ses vieux braves, passer cette touchante et dernière revue. Il s'approcha successivement de tous ses paroissiens, leur serra cordialement la main et les embrassa avec effusion, en mêlant ses larmes à leurs larmes.

IV.

L'importante paroisse de la Chapelle-de-Guinchay était un théâtre digne du zèle ardent de l'abbé Augros ; il y avait là beaucoup de bien à faire aux âmes ; il y avait aussi à terminer une œuvre d'une importance capitale, que la mort de ses deux prédécesseurs avait laissée inachevée ; nous voulons parler de la nouvelle église de la Chapelle, monument admirable, dont l'aspect grandiose frappe le voyageur d'étonnement et l'invite à s'arrêter, véritable cathédrale gothique qui rappelle et reproduit les plus beaux chefs-d'œuvre du Moyen-Age.

L'abbé Augros trouva là-bas une population bonne, affable et sympathique, bien faite pour le comprendre, à laquelle, sans oublier ses anciens paroissiens, il s'attacha aussitôt de toute son âme et qu'il s'efforça de gagner tout entière à Jésus-Christ, disant avec St. Paul aux Corinthiens : « Pour moi, c'est de très-grand cœur que je me donnerai, que je me dépenserai et que je me prodiguerai outre mesure pour le salut de vos âmes. » *Ego autem libentissimè impendam et superimpendar ipse pro animabus vestris.*

« Le nouveau Curé de la Chapelle-de-Guinchay, nous écrit-on, devait être installé par Monseigneur lui-même ; mais sa modestie en aurait trop souffert ; il pria Sa Grandeur de lui épargner cet honneur. A peine arrivé, il commença la visite de son vaste troupeau ; il voulut voir tous ses paroissiens sans exception, les connaître tous, dire à tous un mot d'encouragement et d'édification. La visite des malades était aussi son objet de prédilection. »

Auprès de ses chers malades, l'abbé Augros était admirable. Il avait le secret d'un certain mot, d'un conseil qui pénètre l'âme souffrante et la touche au point sensible. Il était d'une bonté extrême pour les malades ; il savait de quels honneurs, de quels ménagements il faut entourer un fils de Dieu ; il savait que l'âme captive dans une chair infirme est une reine qu'il faut traiter avec d'autant plus de respect qu'elle a perdu ses remparts. Il était comme le sacrement vivant de la consolation céleste.

Nul ne possédait à un plus haut degré que lui le don d'amener doucement un malade à penser au bon Dieu et à se convertir.

Grande était aussi sa charité pour les pauvres, à qui il a spécialement songé dans son testament ; mais il faisait l'aumône en secret et, selon la recommandation du divin Maître, il voulait que sa main gauche elle-même ignorât les secours abondants que sa main droite versait dans le sein des malheureux.

« Dès son arrivée à la Chapelle, nous écrit-on encore, sa grande préoccupation fut la reprise des travaux de la nouvelle église ; il réunit le conseil de fabrique, il alla frapper à la porte des riches familles du pays et leur demanda de nouvelles souscriptions ; il organisa une grande loterie afin de trouver une partie des ressources qui lui manquaient pour achever le monument. Il fit terminer les dernières travées et commencer le clocher ; quel bonheur pour lui de visiter les travaux et d'encourager les ouvriers ! Il quitta la Chapelle le 20 mai 1879 et sa chère église fut bénite et livrée au culte le 1er juin. »

Pendant les Pâques de 1878, il avait établi une messe spéciale pour les hommes ; le premier dimanche, l'assistance fut peu nombreuse ; le dimanche suivant, c'était par centaines déjà qu'on comptait les assistants et le troisième dimanche l'église était pleine. Ce qui attirait ces hommes, c'était surtout le charme de la parole de leur Curé. Les instructions de l'abbé Augros se faisaient en effet, remarquer

par la solidité et la limpidité de la doctrine, la simplicité de
la forme et le naturel de la diction. Il instruisait et il en-
traînait ; il avait la grande éloquence du cœur, l'éloquence
de la foi et de l'amour, cette éloquence rachetée par le sang
de Jésus-Christ. Il avait médité et il pratiquait le conseil
que son illustre Patron, St. François de Sales, donne aux
prédicateurs : « Il faut parler affectionnément et dévotement,
simplement et candidement, avec confiance, être bien épris
de la doctrine qu'on enseigne et de ce que l'on persuade. Il
faut que nos paroles soient enflammées, non par des cris et
des actions démesurées, mais par l'affection intérieure ; il
faut qu'elles sortent du cœur plus que de la bouche. On a
beau dire ; mais le cœur parle au cœur et la langue ne parle
qu'aux oreilles. » « Il suffit de bien aimer pour bien dire, »
dit ailleurs le saint Docteur. L'abbé Augros aimait ses
ouailles, et voilà pourquoi il disait bien ; il les aimait beaucoup, et voilà pourquoi il disait très-bien.

Les habitants de la Chapelle étaient heureux et fiers de
leur nouveau curé ; lui, il n'était ni moins heureux ni moins
fier, en voyant la bonne volonté, l'affection et les progrès
de ses paroissiens.

Mais j'ai entendu une voix qui disait : *Quia acceptus eras
Deo, necesse fuit ut tentatio probaret te* ; parce que tu es
agréable à Dieu, il est nécessaire que la tentation vienne t'é-
prouver. Elle vint donc pour lui, cette épreuve par laquelle
Dieu fait passer ses fidèles serviteurs. Elle fut longue,
cruelle et vraiment épouvantable ; mais ne l'oublions pas :
c'est dans le feu qu'on éprouve l'or et l'argent, et c'est dans
le creuset de la souffrance que le Seigneur connaît et choi-
sit ses élus.

L'abbé Augros n'avait qu'un désir, une passion, travailler
ici-bas sans trêve ni relâche, se dépenser tout entier au service des âmes. Il aimait à redire avec une grande âme qu'on
invitait au repos : « Travaillons maintenant ; nous aurons
toute l'éternité pour nous reposer. » Pour cet homme fort et

vaillant, actif et zélé, infatigable, quand il s'agissait de Dieu et des âmes, rien ne devait être et rien n'était insupportable comme l'isolement, le repos et l'inaction. Cependant c'est le supplice auquel la Providence le condamna ; elle le condamna au repos forcé, à l'inaction complète, à l'impuissance absolue, tout en lui laissant le désir véhément de travailler encore au salut des âmes.

Lui aussi, flagellé par la maladie, couronné des épines de la souffrance, chargé d'une lourde croix, il monta au Calvaire pour y mourir, lentement, goutte à goutte.

Il avait été frappé à mort dans l'exercice du saint ministère. Un jour on l'avait appelé près d'un homme dangereusement malade. Craignant d'arriver trop tard, il précipite sa marche et arrive tout bouillant de chaleur dans une chambre froide et humide. Tout entier au salut de cette âme et s'oubliant lui-même, il encourage son malade, lui parle du bon Dieu et l'amène à se confesser. Ce n'est qu'en sortant qu'il s'aperçoit que le froid l'a saisi. Il venait de contracter le germe de la terrible maladie qui, s'ajoutant à la névralgie, la vieille compagne de sa vie, devait lui infliger un si douloureux martyre.

Il ne voulut pas se soigner. Il préparait alors une première communion et il était tout entier à ses chers enfants ; mais ses forces physiques trahirent son indomptable courage ; il dut s'aliter.

C'est en vain qu'il alla demander sa guérison au ciel plus clément du Midi et aux eaux minérales les plus renommées ; il était frappé à mort. Quoique absent, il était de cœur avec son troupeau et il le dirigeait toujours. Son digne vicaire qui l'aimait comme un père, le tenait au courant de toutes les affaires religieuses de la paroisse et souvent lui demandait conseil. Un jour l'abbé Augros, qui prenait alors les eaux à Royat, reçoit une lettre où on lui dit que sa présence est nécessaire à la Chapelle... Il s'agit d'une âme à sauver... Le malade allait commencer un nouveau traitement dont il espérait sa prompte et entière guérison. N'importe, il n'hésite pas un seul instant entre sa vie et l'âme de son paroissien ; il sait que le bon pasteur doit donner sa vie pour ses brebis. Il interrompt brusquement sa saison d'eaux et sacrifie toutes ses espérances. Il accourt, et il a l'ineffable consolation de voir son dévouement et ses efforts couronnés d'un plein succès.

Les paroissiens de la Chapelle demandèrent au Ciel la guérison de leur pasteur avec une foi et une persévérance touchantes. Même les plus indifférents retrouvèrent au fond de leur mémoire les prières de leur enfance et les adressèrent à Dieu pour en obtenir la guérison de leur Curé.

L'abbé Augros, déjà bien fatigué et se traînant avec peine, rencontre dans les rues de son bourg un de ses paroissiens qui lui demande des nouvelles de sa santé. — Ça ne va pas du tout, lui répond-il, et il lui ajoute en souriant : Si vous étiez plus sage, vous obtiendriez ma guérison, mais vous ne venez pas à l'Eglise, vous ne venez pas à la messe ; vous ne priez pas pour moi. — Vous vous trompez, Monsieur le Curé, lui répond cet homme. Chaque soir, je dis avec ma femme le chapelet pour votre guérison. Vous vous rappelez ma petite fille qui a huit ans, pour laquelle vous étiez si bon, nous l'avons surprise, agenouillée dans un coin et disant pieusement son chapelet. Elle le disait pour votre guérison, Monsieur le Curé, et personne ne lui avait suggéré cette idée. Cela nous a touchés, ma femme et moi, et depuis, chaque jour, nous faisons comme elle ; nous disons notre chapelet pour votre guérison.

Trois fois l'abbé Augros avait demandé à Monseigneur de le décharger de sa paroisse et trois fois Sa Grandeur l'avait prié d'attendre et de rester encore à son poste. Enfin il obtint que sa démission fut acceptée et il quitta la Chapelle où il n'avait passé que dix-huit mois ; mais c'était plus qu'il n'en fallait pour se faire connaître, apprécier et regretter, pour y laisser un souvenir durable.

V

Alors commence pour l'abbé Augros une nouvelle existence.
Au lieu de cette vie large et féconde, de cette vie à pleins
bords et à pleines voiles, qu'il aimait tant, il n'a plus
qu'une mourante vie qui menace à chaque instant de tarir et
de sombrer.

Alors commence son agonie : *factus est in agoniâ* ; agonie terrible qui a duré près de quatre ans et durant laquelle
il a été agité par les sentiments les plus contraires ; il a dû
lutter contre la douleur, la tristesse et le découragement.

Dieu seul sait tout ce qu'il a souffert physiquement et mo-
ralement. Il priait avec une grande ferveur : *factus in agoniâ prolixiùs orabat.* Ne pouvant plus dire son bréviaire,
il récitait sans cesse son chapelet. Il avait sur sa cheminée
une petite statue en bronze de Notre-Dame-de-France, à laquelle étaient attachées de riches indulgences ; il la regardait des centaines et des milliers de fois par jour et la priait
pour gagner les indulgences. Il avait toujours eu une tendre
dévotion pour la Ste Vierge, sa patronne. Imitant St. Alphonse
de Liguori, il n'adressait jamais la parole à son peuple, sans
qu'il y eût dans son prône un mot en l'honneur de Marie.
Que de neuvaines il a faites à Notre-Dame de Lourdes et à
Notre-Dame de la Salette, pendant sa longue agonie. Et il
reconnaissait chaque fois, d'une manière sensible, que la
Sainte-Vierge avait prêté l'oreille à sa prière ; car il éprouvait
à la fin de chaque neuvaine une recrudescence mystérieuse
dans ses douleurs physiques. C'était Marie qui lui envoyait
une réponse de mort : *Responsum mortis*, et qui l'avertissait
de se tenir prêt pour le Ciel.

Il est dit de notre divin Maître que, durant son agonie au jardin des Olives, il s'humilia, qu'il se prosterna la face contre terre et que l'épouvante, l'ennui et la tristesse s'emparèrent de son âme : *Cœpit pavere et tœdere et mœstus esse.* Est-il étonnant après cela que le disciple, qui n'est pas plus que le Maître, qui n'a de force que celle donnée par le Maître, ait connu, lui aussi, la tristesse, l'ennui et le découragement ? *Cœpit pavere et tœdere et mœstus esse.* Est-il étonnant qu'au milieu de ces nuits sans sommeil, si longues et si tristes, de ces étouffements affreux sans cesse renaissants, de ces crises de toux qui revenaient six et huit fois par jour déchirer sa pauvre poitrine et dont chacune durait une demi-heure, une heure et quelquefois plus longtemps ; parmi ces douleurs névralgiques qui ne le quittaient plus et le torturaient cruellement, est-il étonnant que, le corps brisé et broyé par la souffrance, l'âme désolée et triste jusqu'à la mort, « entre un ciel d'airain et une terre aride, » pour employer son expression, il ait demandé la fin de son martyre et poussé vers le Ciel le cri d'angoisse de la grande Victime du jardin des Olives : « O mon Père, mon Père, si c'est possible, que ce calice s'éloigne de moi ! Oh ! que je ne le boive pas jusqu'à la lie ! » Son âme succombe sous le fardeau trop continuellement écrasant des mêmes peines. Elle n'a plus que la force de dire à Dieu, en empruntant le langage de la Ste-Ecriture : « Seigneur, jusqu'à quand ? Seigneur, combien de temps crierai-je encore, sans que vous m'entendiez ? Seigneur, détournerez-vous toujours de moi votre visage ? Seigneur, jusqu'à quand la terre pleurera-t-elle et l'herbe sera-t-elle desséchée par le feu ? Jusqu'à quand verrez-vous sans pitié l'affliction de Jérusalem ? Mon Dieu, mon Dieu, pourquoi m'avez-vous abandonné ? »

Mais, malgré ces plaintes du serviteur à son Maître et du fils à son Père, le fond de l'âme était résigné, obéissant, sacrifié, et la parole suprême qui lui montait toujours du cœur aux lèvres était celle-ci : « Pourtant, mon Père, que votre volonté soit faite et non la mienne. » Il regardait son crucifix et la vue de la grande victime transformait en paix et en douceur ses plaintes et ses larmes brûlantes. Il faisait alors à Jésus le sacrifice de sa vie, il le faisait pour l'Eglise et le Souverain-Pontife qu'il avait toujours aimés passionnément : *ut inimicos sanctæ Ecclesiæ humiliare et Dominum Apostolicum conservare digneris* : il le faisait en faveur de la France qu'il aimait d'un amour tout filial. Il le faisait aussi en faveur des siens qu'il voyait souffrir et qu'il croyait plus utiles que lui sur la terre.

Une de ses dernières et plus profondes tristesses fut d'apprendre la mort de son parent, Gilbert Coppéré, de la Clayette, étudiant en médecine, jeune homme d'une intelligence vraiment supérieure, passionné pour l'étude et ardent pour toutes les nobles causes. Qu'il nous suffise de rappeler que, lors de l'expulsion des PP. Jésuites de Fourvière, il se trouvait au premier rang de la jeunesse catholique des écoles de Lyon qui était allée protester contre l'arbitraire et la violence, acclamer les religieux brutalement chassés de leur couvent et leur faire une magnifique ovation. Respecté et aimé de tous ses camarades, il avait bien vite conquis l'estime et la confiance de ses nouveaux maîtres. Quant à ses anciens professeurs de Semur, nous en connaissons qui ne se consoleront jamais de l'avoir perdu et porteront son deuil toute leur vie, au plus intime de leur cœur. C'est en soignant avec un dévouement admirable, dans les hôpitaux de Marseille, nos pauvres soldats malades qui revenaient de Tunisie, qu'il a trouvé la mort. Le typhus l'a foudroyé en quelques heures ; mais il était prêt au terrible passage, « s'étant confessé dans toute la plénitude de sa raison, avec une foi profonde et une contrition extraordinaire. » Lorqu'il apprit cette mort foudroyante, l'abbé Augros s'écria : « Mon Dieu, mon Dieu ! que ne m'avez-vous pris à sa place ! quel bonheur pour moi de sacrifier ma vie afin de conserver ce pauvre enfant à sa famille dont il était l'orgueil, à la science dont il était l'espoir et à la religion dont il eût toujours été l'invincible champion ! Mon Dieu ! que les desseins de votre Providence sont impénétrables ! Donnez-nous la foi et la résignation du saint patriarche Job pour dire après lui : *Dominus dedit, Dominus abstulit : sit nomen Domini benedictum !*

Il est dit dans le Saint Evangile que le Christ ne fut pas abandonné au Jardin des Olives ; un ange descendit du ciel pour essuyer sa sueur sanglante et réconforter son cœur défaillant : *Apparuit autem illi Angelus de cœlo, confortans eum.*

Grâces immortelles en soient rendues à notre très-miséricordieux Jésus : Cet Ange consolateur, l'Ange de l'agonie, n'a point fait défaut à notre bien-aimé défunt.

A St-Laurent-en-Brionnais, où il a été nommé aumônier, il trouve l'Ange de l'agonie dans les bonnes sœurs du St-Sacrement, dans leur digne supérieure surtout, la révérende mère Céleste, qui lui prodiguent les soins les plus empressés et les plus délicats.

Là encore l'Ange de la consolation se présente à lui sous les traits aimables d'un ami d'enfance qui avait été son successeur à St-Racho, l'abbé Lorton, curé de St-Laurent, qui, chaque jour, va le visiter, le distraire et l'encourager. L'Ange de la consolation, c'est encore ce chrétien plein de ferveur et de vaillance que l'on rencontre à la tête de toutes les bonnes œuvres, l'excellent docteur Faisant, de la Clayette, son médecin, qui le soigna jusqu'à la fin avec le dévouement d'un frère et la tendresse d'une mère. L'Ange de la consolation, il le trouva aussi dans ses nombreux confrères et amis qui vinrent à l'envi prodiguer les encouragements et les vœux à celui qui les avait aimés d'un amour si fraternel.

A St-Laurent, il reçut encore une visite bien honorable qui le toucha beaucoup et dont il garda la plus douce souvenance. Monseigneur Perraud se trouvait alors en tournée de confirmation à la Clayette. Le bon Evêque voulut bien aller jusqu'à St-Laurent voir son pauvre Curé malade et lui offrir avec ses condoléances les plus sympathiques, ses meilleurs souhaits pour l'avenir : gai rayon de soleil au milieu de la tempête.

Après l'Ange de la vie religieuse et celui de l'amitié, voici l'Ange de la famille qui se penche vers lui pour le réconforter.

Se voyant incapable d'exercer aucune fonction du saint ministère, privé même du bonheur de monter à l'autel, l'abbé Augros songe à une retraite absolue. Où se retirera-t-il ? Le poëte de l'antiquité l'a dit :

Nescio quâ natale solum dulcedine cunctos
Allicit, immemores nec sinit esse suî.

« Je ne sais quelle douceur secrète s'attache au sol natal, en remplit tous les cœurs et ne permet à personne de l'oublier. » Eh bien ! l'abbé Augros non-seulement se souvenait de son pays avec bonheur, mais il voulait aller lui demander le repos et la guérison.

Il se retire donc à Chauffailles, près de son berceau et près de la tombe de ses parents. Là il trouve pour le soigner, le consoler, essuyer la sueur sanglante de son agonie, une sœur toute dévouée qu'il a jadis tenue sur les fonds sacrés du baptême et qui le vénère comme un père. Elle est loin, bien loin, lorsqu'elle apprend la maladie de son frère. Elle n'hésite pas ; elle sacrifie une position brillante et enviée. Abandonnant la Grèce, elle repasse la mer et vient mettre au service de son pauvre frère agonisant son intelligence et son cœur, son dévouement et sa vie tout entière.

Son autre sœur, la Révérende Mère Alphonsine, assistante de la Supérieure générale des Religieuses de l'Instruction du Puy, vient aussi le visiter dans sa nouvelle retraite. Ame bonne et compatissante, toute dévouée à son frère, elle lui prodigue ces consolations douces et fortes que les saints vont puiser dans le Cœur de Jésus et qu'ils savent si bien distribuer ensuite à ceux qui souffrent et qui pleurent. *Apparuit autem illi angelus de cœlo, confortans eum.*

Enfin lorsque le pauvre malade ne peut plus supporter le bruit parfois assourdissant de la ville, lorsque soupirant après la solitude la plus complète, il cherche une véritable Thébaïde, le souvenir de ses chères et silencieuses montagnes de St-Racho se présente à son esprit et à son cœur, il se dit : *In nidulo meo moriar* ! Oui, je veux retourner au sein de mes montagnes, je veux aller mourir dans mon « cher petit nid de St-Racho. »

Alors l'Ange de l'agonie descend de nouveau du Ciel ; il s'appelle l'Ange du sacerdoce. C'est lui que la Providence a chargé d'adoucir les dernières angoisses et d'essuyer les dernières larmes du pauvre martyr.

L'abbé Augros demande donc à son successeur à St-Racho de vouloir bien lui donner l'hospitalité et le recevoir dans sa cure comme pensionnaire. L'abbé Buisson, se rappelant la parole du Maître : « Faites aux autres ce que vous voudriez qu'on vous fît à vous-même..... Tout ce que vous faites au plus petit de mes frères, c'est à moi-même que vous le faites, » lui répond que sa cure lui est ouverte, comme son cœur, qu'il sera heureux de lui être agréable et de partager avec lui cette magnifique cure qui est son œuvre.

Il n'est pas possible de décrire la joie du pauvre malade à cette nouvelle, ni le bonheur qu'il éprouva, quand il revit ses sapins et ses bruyères, son *Dun*, sa cure et ses bons paroissiens, ni l'affection profonde et la reconnaissance absolue qu'il voua à son digne successeur pour sa cordiale hospitalité.

Redire en effet ce que fut pour lui, pendant les sept derniers mois de sa vie, l'abbé Buisson, n'est pas, non plus chose possible. Bon, aimable, prévenant, il va au devant de ses moindres désirs. Il passe près de lui les jours, les soirées et même les nuits. Il se donne, il se dépense tout entier. Près de ce lit de souffrances, on dirait une sœur de charité ou la plus dévouée des mères. Aussi le malade veut-il l'avoir toujours à ses côtés, et le bon Curé n'hésite pas à compromettre sa santé, même sérieusement, pour accomplir cet acte de charité admirable.

VI.

Cependant la mort approchait.

Le dimanche des Rameaux, M. Augros avait dit à la personne qui le servait : « Dites bien votre chapelet pour que le bon Dieu m'exauce et m'appelle à lui avant Pâques. » Ce jour là, il avait reçu l'extrême-onction dans les sentiments de la foi la plus vive et de la plus tendre piété. Eclairé d'une lumière mystérieuse, il avait répété à plusieurs reprises : Je mourrai le Samedi-Saint.

Il est mort en effet, le Samedi-Saint, à trois heures de l'après-midi.

Lorsque vint la crise dernière et que la sueur de la mort commença à couvrir son visage, l'abbé Buisson était seul, près de ce lit de souffrances. Il dit au pauvre agonisant qui conservait toujours toute la lucidité de son esprit et toute l'énergie de sa volonté : Mon frère, vous avez souvent fait le sacrifice de votre vie ? — Oh ! oui, répondit le malade, je l'ai fait souvent — Eh bien ! répondit l'Ange de l'agonie, il est temps, je crois, de le renouveler et de tout votre cœur.

— Merci, merci, reprit le moribond, je comprends.... oui, je le renouvelle et de tout mon cœur. Souvent vous m'avez dit, mon bon Curé : *Moriatur anima mea morte justorum !* Puisse mon âme mourir de la mort des justes ! Ainsi soit-il pour moi en ce moment ! Ainsi soit-il !

Et puis joignant les mains, il lève les yeux au ciel et dit avec un accent inexprimable : Ah ! mon ami, se trouver en face de l'éternité, à quelques minutes du jugement de Dieu, c'est solennel, c'est terrible !

Et l'Ange consolateur de reprendre : Confiez-vous, mon

frère, à la miséricorde infinie du bon Dieu. Si vous avez péché, vos souffrances ont expié vos fautes. Et lui, regardant amoureusement le crucifix qu'il tient entre ses mains, répond lentement : Ainsi soit-il !

Il saisit alors vivement la main de son confrère et la serrant affectueusement, il lui répète : Ah ! bon Curé, excellent frère, merci pour votre hospitalité : une dernière fois merci.

Tout-à-coup, son regard devient inquiet : il se porte vers la cheminée et semble chercher un objet qui lui manque. L'abbé Buisson comprend qu'il veut voir une dernière fois et prier Notre-Dame de France. Il met la statuette à la portée de sa vue, et le regard de l'agonisant s'illumine joyeusement, en se fixant sur l'image de sa bonne Mère du Ciel.

Son confrère lui suggère alors des invocations pieuses auxquelles il s'unit de cœur et souvent de bouche, répétant : Oh ! oui, Jésus, Marie, Joseph, assistez-moi en ce moment suprême ! Cœur Sacré de Jésus, ayez pitié de moi ! St. François, bon St. François, priez pour moi ! ayez pitié de moi, Seigneur, ayez pitié de moi ! *Miserere meî, Deus, secundùm magnam misericordiam tuam.* Et il regardait successivement son crucifix, Notre-Dame de France et son confrère qui lui donnait une dernière fois l'absolution avec les indulgences de la bonne mort.

Il lui arriva ensuite ce qui est arrivé, en face de la mort, aux plus illustres serviteurs de Dieu, à St Martin de Tours en particulier. Il eut un moment d'épouvante et d'angoisse. Il se tourna du côté de la muraille : son regard ranimé devint étincelant et se fixa avec la plus grande expression de terreur, sur un ennemi invisible et présent. Son confrère lui parla de la bonté de Dieu et de la passion de notre Seigneur ; il lui présenta le crucifix à baiser. Le mourant imprima longtemps ses lèvres sur l'image du Maître adoré, disant : Mon Jésus, miséricorde ! Et le calme rentra dans son âme : il se refléta sur sa figure et dans son regard.

La crise cependant perdait de sa violence ; car les forces étaient épuisées ; mais la respiration était devenue plus haletante, et la sueur, plus abondante. Le mourant conservait toute son intelligence ; ses lèvres s'ouvraient encore pour murmurer une dernière prière et ses yeux plus brillants que jamais demeuraient attachés sur le crucifix qu'il baisait amoureusement.

Un instant après, l'Ange de l'agonie avait terminé sa triste et sublime mission. Et l'Ange de la délivrance, brisant les faibles liens qui retenaient encore cette âme enchaînée dans la prison de son corps, l'introduisait dans la terre promise du Ciel.

Les funérailles de l'abbé Augros ont été célébrées à St-Racho, le lundi de Pâques, avec toute la pompe possible et au milieu d'un très-grand concours de fidèles. La population tout entière était venue assister à cette triste cérémonie : elle avait voulu donner une dernière marque de sympathie, de vénération et de reconnaissance, rendre un suprême hommage à celui qu'elle avait tant aimé et qui lui avait fait tant de bien. Tous les cœurs étaient tristes ; tous les visages recueillis ; toutes les lèvres priaient, et, ce qui achève de faire l'éloge de ce bon et fidèle serviteur de Dieu, tous ses chers paroissiens pleuraient à chaudes larmes.

Sans parler des membres de sa famille, sans compter de nombreux amis fidèles à la mémoire du cœur et les pieuses députations des bonnes Sœurs de St-Laurent et de Chauffailles, près de trente prêtres étaient accourus, malgré les occupations et les fatigues des Pâques, malgré la difficulté des communications, rendre un dernier hommage au zélé et sympathique défunt ; ils formaient autour de son cercueil, une magnifique couronne de frères.

VII.

Et maintenant, frère bien-aimé dans le sacerdoce, doux père de nos âmes, reposez en paix à l'ombre de la grande croix du cimetière, à cette modeste place que vous avez désiré occuper. Reposez doucement, au milieu de vos enfants chéris, en attendant le grand réveil du dernier jour.

Reposez-vous de toutes vos fatigues et de toutes vos souffrances, de votre long et douloureux martyre, vous dont on peut dire en toute vérité, comme de nos vénérés Pontifes : Il n'eût ici-bas qu'un seul souci, le salut de son troupeau ; un labeur continuel fut son seul repos ; Jésus était sa vie et la mort fut pour lui le plus superbe des gains :

> *Vobis una fuit cura, salus gregis,*
> *Vobis una quies, continuus labor ;*
> *Vobis vivere Christus,*
> *Vobis grande lucrum mori.*

Quand on meurt après une telle vie, dans la grâce qui fait les saints et les lèvres collées sur la croix du Sauveur, on passe des demeures terrestres dans le cœur même de Dieu. C'est là, ô notre pasteur, ô notre père, que nous aimons à vous contempler. Votre âme, flamme ardente, est retournée à son foyer ; cette intelligence pénétrante, cette volonté courageuse, ce cœur généreux et profond sont maintenant couronnés et rassasiés.

Vous nous avez quittés ; mais bientôt — car, hélas ! beaueoup d'entre nous ne sont déjà plus au matin de la vie — bientôt nous irons vous rejoindre au grand rendez-vous de l'éternité. Vous nous avez quittés ; mais vos œuvres nous restent. Vous nous avez quittés ; mais nous gardons pieusement le souvenir de vos exhortations, de vos vertus et de vos exemples. Votre mémoire, la mémoire de l'homme juste, « aimé de Dieu et des hommes, » demeurera en bénédiction ici-bas, parmi votre peuple. *Dilectus Deo et hominibus, cujus memoria in benedictione est,* et au ciel, cette mémoire bien-aimée vivra, elle rayonnera, elle demeurera éternellement : *In memoriâ æternâ erit justus.*

L. J. C.

Roanne. — Imprimerie E. FERLAY, cours de la République.